**엄마, 쓰레기를 왜 돈 주고 사요?**

**4쇄 발행** 2024년 7월 20일

**지은이** 루시 발롱    **그린이** 뱅상 베르지에    **옮긴이** 김수영
**펴낸이** 정혜숙    **펴낸곳** 마음이음

**책임편집** 여은영    **디자인** 김세라

**등록** 2016년 4월 5일(제2016-000005호)
**주소** 03925 서울시 마포구 월드컵북로 402, 9층 917A호(상암동 KGIT센터)
**전화** 070-7570-8869    **팩스** 0505-333-8869
**전자우편** ieum2016@hanmail.net    **블로그** https://blog.naver.com/ieum2018

**ISBN** 979-11-89010-61-4 73450
      979-11-960132-0-2 (세트)

ⓒ Editions Rue de l'Echiquier, 2018
Korean Translation Copyright ⓒ 2021 Mind Bridge Publishing
Arranged through Icarias Agency, Seoul
이 책의 한국어판 저작권은 Icarias Agency 를 통해 Editions Rue de l'Echiquier과 독점 계약한 도서출판 마음이음에 있습니다.
저작권법에 의하여 한국 내에서 보호를 받는 저작물이므로 무단전재와 복제를 금합니다.

어린이제품안전특별법에 의한 제품표시
**제조자명** 마음이음    **제조국명** 대한민국    **사용연령** 만 7세 이상 어린이 제품
KC마크는 이 제품이 공통안전기준에 적합하였음을 의미합니다.

# 엄마, 쓰레기를 왜 돈 주고 사요?

루시 발롱 지음 | 뱅상 베르지에 그림 | 김수영 옮김

마음이음

## 차례

쓰레기가 지구를 병들게 해 •10

지구는 쓰레기통이 아니야 •12

● 놀이 활동 : 퀴즈를 맞혀 봐 16

쓰레기 제로는 장보기에서부터 •18

아니요, 괜찮아요! •20

불필요한 소비를 줄이자 •22

불필요한 물건 줄이기 •24

재사용, 새로운 생명을 불어넣다 •26

재활용은 예술이다 •28

● **놀이 활동 : 미션, 분리배출 30**

음식물 쓰레기로 퇴비 만들기 •32

● **놀이 활동 : 불청객을 찾아라 34**

쓰레기 제로 시작 •36

쓰레기를 줄이는 어린이 요리사 •38

한번 쓰레기 제로는 영원히 쓰레기 제로 •40

● **놀이 활동 : 미션, 마무리 퀴즈 42**

퀴즈 정답 46

쓰레기·환경 관련 사이트 49

친구들아, 쓰레기 버릴 때 분리배출 하고 있니?
당연한 걸 왜 묻냐고? 잘하고 있어. 아주 훌륭해! 하지만 분리배출만으로는 부족해. 분리수거된 쓰레기 중 40퍼센트밖에 재활용되지 않거든. 많은 사람들이 모르고 있는데 **재활용도 환경을 오염시킨단다. 환경을 지키는 가장 좋은 방법은 쓰레기를 줄이는 거야.**
쓰레기를 어떻게 줄여야 할까? 집과 학교에서 가족과 친구들이 할 수 있는 방법을 알아보자.

## 🔴🟠 쓰레기가 지구를 병들게 해

40년 동안 지구에 쓰레기가 2배로 늘어났어. 지구는 쓰레기 무게에 눌려 숨도 못 쉴 지경이야.
왜냐고? 사람의 수는 계속 늘어나고, 사람들은 점점 더 많이 소비하면서 쓰레기를 만들어 내기 때문이야.

그래서 몇 년 전, '쓰레기 제로'라는 운동이 일어났어. 무슨 운동이냐고? 쓰레기 양을 최대한 줄여 보자는 운동이야. 최종 목적은 쓰레기통을 없애는 것이지.

그러기 위해서는 물건을 사기 전에 나에게 정말 필요한 것인지 곰곰이 생각한 후, 꼭 필요한 것들만 사야 해. 쓰레기를 최대한 안 만드는 습관도 들여야 하지. 물론 하루아침에 쓰레기 제로를 해낼 수는 없어. 먼저 쓰레기 제로에 필요한 네 개의 말부터 기억하자.

**거절하기, 줄이기, 다시 사용하기, 재활용하기.**

이 책을 읽다 보면 쓰레기 제로의 달인이 되는 것이 생각보다 쉽다는 걸 알게 될 거야. 일단 팔을 걷어붙이고 시작해 보자!

## 🔴 지구는 쓰레기통이 아니야

5년 단위로 실시하는 전국폐기물통계조사 결과에 따르면 한국의 인구 한 명당 1년간 배출하는 쓰레기양은 약 340킬로그램이야.(2018년 통계) 이 엄청난 양의 쓰레기는 어떻게 될까?

### 수리수리마수리, 쓰레기는 사라지지 않는다

모아진 쓰레기는 각각의 처리장으로 보내져. 종이, 플라스틱, 우유갑, 캔류, 유리 등의 쓰레기는 재활용 센터로 보내져서 재활용될 준비를 하지. 재활용이 불가능한 가정 쓰레기는 쓰레기 소각장으로 보내어 불태워 없애고, 일부는 쓰레기장으로 보내져서 땅에 쌓이거나, 땅속에 묻히기도 해.

그나마 재활용이 되는 쓰레기가 있어서 다행이라고? 천만의 말씀! 재활용 쓰레기를 운반하고, 분류하고, 처리하려면 에너지가 필요해. 한마디로 쓰레기가 만드는 건 매연, 강과 토양 공해, 해양 오염 등 오염들 뿐이야.

### 쓰레기로 뒤덮인 바다

처리되지 않고 자연에 버려지는 쓰레기도 있어. 특히 바다에 버려진 쓰레기가 많아. 바다 쓰레기의 80퍼센트가 해변에 버려지거나 육지에서 버린 쓰레기가 강물에 쓸려 온 경우이지.

바다에 가장 해로운 쓰레기는 플라스틱이야. 플라스틱은 크기에 따라 두 가지로 구분해.

- **매크로플라스틱 쓰레기 :** 그물, 페트병, 슬리퍼 등 눈에 보이는 쓰레기를 말해. 바다거북이나 바닷새가 쓰레기를 먹이로 알고, 삼키거나 그물에 목이 감겨 목숨을 잃기도 해.
- **마이크로플라스틱 쓰레기 :** 미세한 플라스틱 조각으로 오랜 시간 바다에 떠다니던 매크로플라스틱이 분해되면서 생겨. 미세 플라스틱을 먹은 물고기는 결국 우리 식탁에 올라오게 되지. 바다 쓰레기는 먹이 사슬에 큰 영향을 미치는 심각한 문제란다.

### 거대한 섬의 정체

1997년, 요트로 태평양을 건너던 선장 찰스 무어와 선원들은 일주일 동안 거대한 쓰레기 섬을 항해했다. 해류에 쓸려 온 쓰레기로 만들어진 이 섬은 프랑스 영토의 6배에 달하는 거대한 섬이었다. 이는 한국 영토의 32배에 해당하는 크기다. 그 후 남태평양, 북대서양, 남대서양, 인도양까지 4개의 쓰레기 섬이 발견되었다.

놀이 활동

# 퀴즈를 맞혀 봐!

아래 쓰레기들이 분해되는 데 걸리는 시간을 맞혀 보세요. 환경을 보호하려면 쓰레기를 숲이나 바닷가, 거리 등 아무 데나 버리면 안 돼요. 어떤 쓰레기는 썩는 데 엄청난 시간이 걸리거든요.

1. 양털 양말
2. 플라스틱 병
3. 휴지
4. 입장표
5. 신문
6. 통조림통
7. 부러진 나뭇조각

※ 동그라미 안에 쓰레기 번호를 써넣으세요.

○ 3개월   ○ 3~12개월   ○ 8~10개월   ○ 1년   ○ 1~2년   ○ 1~5년
○ 5년     ○ 5년         ○ 15년        ○ 25~45년 ○ 50년    ○ 100년
○ 200년   ○ 400년       ○ 500년       ○ 500년   ○ 1000년  ○ 5000년

## 쓰레기 제로는 장보기에서부터

우리가 마트에서 무엇을 사는지 생각해 보면 쓰레기 제로를 좀 더 쉽게 시작할 수 있어.

### 가공식품에 작별 인사를!

마트 진열대에는 온갖 상품들이 가득해. 과자, 라면, 야채, 음료수, 초코바 등은 비닐, 플라스틱, 종이 상자, 스티로폼 등 다양하게 포장되어 있지. 심지어 포장재를 열면 또다시 낱개로 포장되어 있는 경우도 많아. 그게 다가 아니야. 가공식품에는 방부제, 감미료, 식품 첨가물, 아질산염, 폴리인산 등이 들어 있고 염분과 당분(그것도 정제된 당분!), 그리고 지방(그것도 수소 첨가 지방!)도 지나치게 많이 들어 있어. 가공식품은 우리 건강뿐 아니라 환경에도 좋지 않지.

## 포장된 제품 사지 않기

가공식품을 먹는 대신 유기농 식품으로, 집에서 만들어 먹는 것은 쓰레기 제로를 실천하는 좋은 방법 중 하나야. 유기농 매장에서는 주로 '포장하지 않은' 재료를 팔거든. 무게 단위로 재료를 구입해서 바로 장바구니에 담을 수 있지. 주변에 이런 가게들을 찾아보고 포장 쓰레기가 많은 가공식품과는 작별 인사를 하자.

### 집에서 직접 만들어 먹기

왜 집에서 요리하는 것이 조리된 음식을 사는 것보다 환경에 더 좋을까? 케이크를 예로 말해 줄게.

**가공 케이크**
배달 차가 케이크 공장에 재료를 배달하느라 대기 오염이 생겨. 이후 케이크를 대량으로 만들려면 공장 기계가 가동되어야 하고, 케이크가 다 만들어지면 부서지지 않게 포장도 해야 해. 이 과정들에서 쓰레기가 생기고, 천연자원과 에너지가 소비되는 거야.
이렇게 만들어진 케이크는 가게로 다시 배달돼. 재료가 가공되어 두 번째 여행을 떠나는 셈이지. 마지막으로 네가 케이크를 먹고 나면, 그 즉시 포장지는 쓰레기통을 살찌울 거야. 처음부터 끝까지 지구에 해롭기만 하다니 정말 끔찍해!

**홈 메이드 케이크는?**
케이크를 만드는 데 필요한 재료는 산지에서 곧장 가게로 운반되어 와. 네가 그 재료들을 포장하지 않은 채로 장바구니에 담아 오고, 만든 케이크를 접시에 담아 먹는다면 쓰레기는 안 나오지.

## 🔴 아니요, 괜찮아요!

불필요한 것은 거절하기부터 시작해 보자. 네가 사든, 누군가가 네게 주든, 그 모든 건 지구 자원으로 만들어졌고, 그것들을 만들기 위해서는 에너지가 필요하다는 사실을 꼭 기억해야 해.

가게에서 물건을 비닐봉지에 담아 주려고 할 때 '아니요, 괜찮아요.'라고 해 보자. 대신 장을 보러 갈 때는 꼭 장바구니를 챙기도록! 천으로 된 장바구니는 튼튼할 뿐만 아니라 오래 쓸 수 있고, 천연 섬유로 만들어져서 100퍼센트 재활용할 수 있단다.

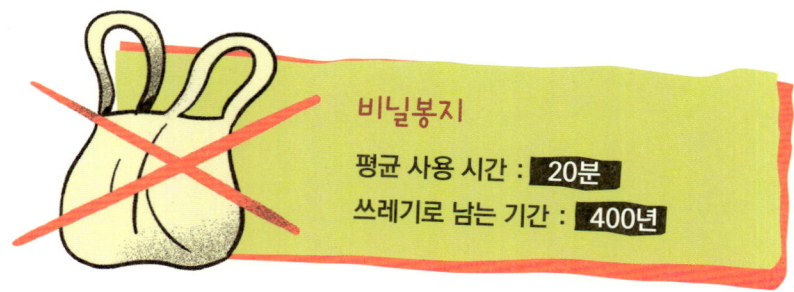

으악! 우편함을 채운 광고 전단지들. 1년 동안 한 가정당 보통 30킬로그램의 광고 전단지를 받는다고 해. 우편함에 '광고 전단지 금지'라고 예쁘게 써 붙여 두는 건 어떨까? 전단지도 재활용이 가능하기는 하지만 광고에 그렇게 많은 종이를 낭비할 필요는 없지 않을까?

낱개로 비닐 포장되어 있는 과자는 먹기에는 편하지. 하지만 사용한 비닐의 일부만 재활용되고 대부분은 버려져. 앞으로는 낱개 포장된 과자는 되도록 사지 말고, 간식통에 과자를 담아 다니자.
처음에는 귀찮겠지만 조금 지나면 환경을 위한 좋은 습관이 될 거야.

### 쓰레기를 줄이는 법령

| | |
|---|---|
| 2019년 | 대형 마트 일회용 비닐봉지 금지 |
| 2021년 | 세탁 세제에 미세플라스틱 사용 금지, 배달 음식에 일회용 숟가락, 젓가락 금지 |
| 2022년 | 포장재 없는 유통 시장 확대 |

## 불필요한 소비를 줄이자

쓰레기를 줄여야 한다고 해서 원시 시대처럼 필요한 걸 스스로 만들며 살자는 건 아니야. 하지만 우리가 소비하는 게 정말로 다 필요한 것들일까?

주위를 둘러보면 소비를 유혹하는 광고들은 넘쳐 나고, 결국 사람들은 사고 싶은 유혹에 넘어가지. 옷이나 신발이 부족하지 않아도 또 다른 걸 사고, 휴대 전화도 유행에 따라 신형으로 바꾸기도 하지. 집 안을 살펴보며 필요 없는데도 산 물건은 없는지 찾아봐.

쓰레기를 줄이는 방법을 알려 줄게. 샤워할 때 바디 샴푸 대신 비누를 써 봐. 비누 1개가 바디 샴푸 3통을 사용하는 것과 같거든.

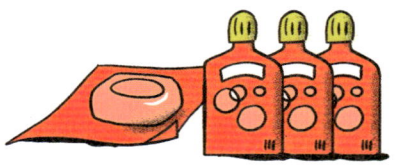

또 생수를 사 먹지 말고, 물통에 물을 담아 다니자. 생수 1통의 물을 만드는 데는 같은 양만큼의 물이 필요하거든.

똑똑하게 포장된 물건을 사는 것도 쓰레기를 줄일 수 있지. 비닐 포장보다는 종이로 포장된 것을 사고, 낱개 포장과 과대 포장된 물건은 되도록 사지 말자.

소비를 줄이면 쓰레기통 크기를 줄일 수 있어.
처음에는 힘들지만 시간이 지나면 내기를 하듯 즐기게 될 거야.

# 불필요한 물건 줄이기

프랑스에서 흥미로운 실험을 했어. 3달 동안 한 번도 쓰지 않은 물건을 따로 분류해 집을 청소했지. 실험에 참여한 사람들의 집은 무슨 마술을 부린 것처럼 싹 비워졌어.
우리도 부모님과 함께 집에서 안 쓰는 물건들을 찾아볼까?

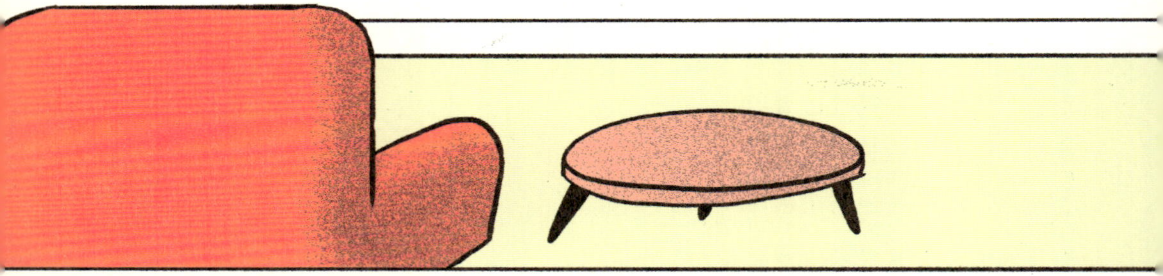

어디 있는지 못 찾아서, 혹은 챙기는 걸 깜박해서 다시 산 물건이 있지. 우산, 볼펜, 천 가방 같은 것들 말이야.

**신발과 옷**
평소에 즐겨 입는 옷과 신발은 정해져 있는데 왜 그렇게 옷장과 신발장을 가득 채우는 걸까?

**위생 용품과 화장품**
욕실에도 불필요한 물건이 많아. 물건을 줄이는 방법은 간단해. 다 쓰기 전에는 물건을 사지 않는 거야.

음식 포장 용기야말로 쓰레기통을 가득 채우는 쓰레기의 주범이야.

세제를 꼭 살 필요는 없어.
집에서 만들어 쓸 수도 있단다.

물건이 다 떨어지지 않았는데, 미리 사서 쌓아 두는 경우가 있어. 그러면 사용 기한을 넘기기 쉽지.

## 🔴 재사용, 새로운 생명을 불어넣다

물건을 재사용하는 것은 그 물건들을 고치거나, 새롭게 만들거나, 필요한 사람에게 주어서 새로운 생명을 주는 거야.

물건을 버리기 전에 그것을 다시 쓸 수 있는지 한번 생각해 봐. 네가 받은 선물 박스는 장난감 정리함으로 쓸 수 있어. 이제 선물 포장 박스가 아닌 거지.

어렸을 때 갖고 놀던 장난감은 중고품 가게에 팔거나 필요한 사람들에게 기부할 수 있어. 작아져서 입을 수 없는 청바지도 누군가에게는 잘 맞을 거야.

온라인에서 중고품 판매나 물물 교환을 하는 사이트도 있으니 잘 살펴봐. 나에게 필요 없는 물건이 누군가에게는 보물이 될 수 있단다.

물건을 재사용하는 것은 물건을 다른 용도로 사용하는 것이기도 해. 어떻게 사용할지 상상력을 발휘해 봐!

연필통　　화분　　저금통　　놀이 기구

**빈 깡통은 연필통, 화분, 저금통, 나만의 놀이 기구가 될 수도 있어!**

## 재활용은 예술이다

쓰레기 제로는 하나의 목표일 뿐 항상 실천할 수 있는 건 아니야. 열심히 쓰레기를 줄이고, 재사용할 수 있는 것은 재사용해도 쓰레기는 남지. 이럴 때 가장 좋은 방법이 재활용이야. 하지만 원재료 몇 가지만 재활용할 수 있어서 재활용 방법을 잘 알고 분리해서 내놓아야 해.

### 유리류

유리는 몇 번이고 재활용할 수 있어.
재활용 유리로 병을 만들면 병을 새로 만드는 것보다 에너지를 절약할 수 있어. 그러니까 환경을 위해 유리를 잘 분류해 내놓아야 해.

- 유리병 1개 = 유리병 1개

'빈 용기 보증금 제도'를 알고 있니?
제품 가격에 빈 용기 보증금을 포함시켜 제품을 판매한 후, 소비자가 빈 용기를 반환했을 때 보증금을 돌려주는 제도야. 다시 돌아온 유리병은 주류 및 식음료 회사에서 걷어가 씻어서 다시 한 번 사용하지.
종이 상자와 종이도 재활용할 수 있어. 이것들은 목질 섬유로 만들어지는데 이 섬유질은 재활용하면 손상돼서 10번 정도밖에 재활용할 수 없어. 그래도 마지막에는 화장실 휴지를 얻을 수 있어.

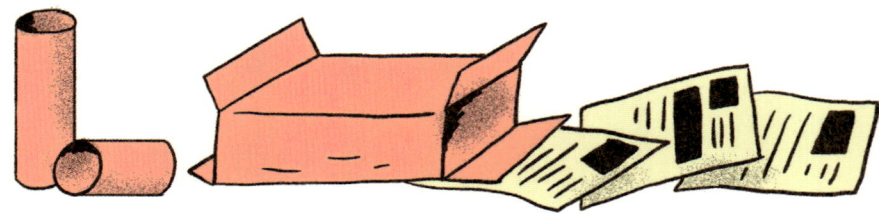

### 플라스틱류

석유를 주원료로 만드는 플라스틱은 7가지 종류가 있는데, 모든 플라스틱을 재활용할 수 있는 건 아니야.(그러니 되도록 사용하지 않는 게 지구 환경을 위해 좋아.) 생수병 같은 투명한 플라스틱 통과 우유나 세제를 담는 불투명한 통은 재활용할 수 있어. 이 플라스틱들은 녹여서 온갖 종류의 물건을 만드는 데 쓰이는 가루로 가공돼.

· 세제 통 7개 = 자동차 시트 1개
· 투명 플라스틱 통 15개 = 플리츠 재킷 1벌

### 알루미늄류

알루미늄으로 만들어진 음료수 캔은 재활용할 수 있어. 찌그러뜨려서 녹인 후 또 다른 원자재로 쓰이지.

· 탄산음료 캔 114개 = 킥보드 1대
· 캔 670개 = 자전거 틀 1개

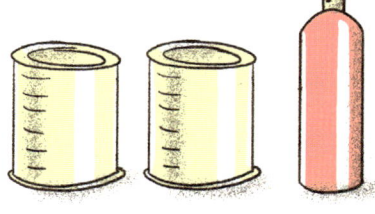

### 철류

통조림통과 에어졸 스프레이 통은 철로 만들어졌어. 분류된 철 제품은 높은 열로 녹여서 다른 제품으로 새롭게 만들어. 철은 무한대로 재활용할 수 있어.

· 통조림통 8개 = 냄비 1개
· 통조림통 1,000개 = 세탁기 1대
· 완두콩 통조림통 190,000개 = 자동차 1대

놀이 활동

# 미션, 분리배출

폐건전지
폐형광등

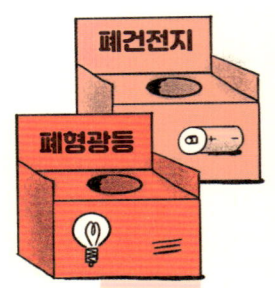

**쓰레기를 재활용하려면 분리배출을 잘 해야 해.**
**다음 쓰레기들을 어떻게 버려야 할지 잘 분류해 봐.**

중요한 것은 쓰레기를 최대한 줄이는 거야. 하지만 어쩔 수 없이 물건을 버려야 한다면 가장 비용이 덜 드는 방법을 생각해야 해.

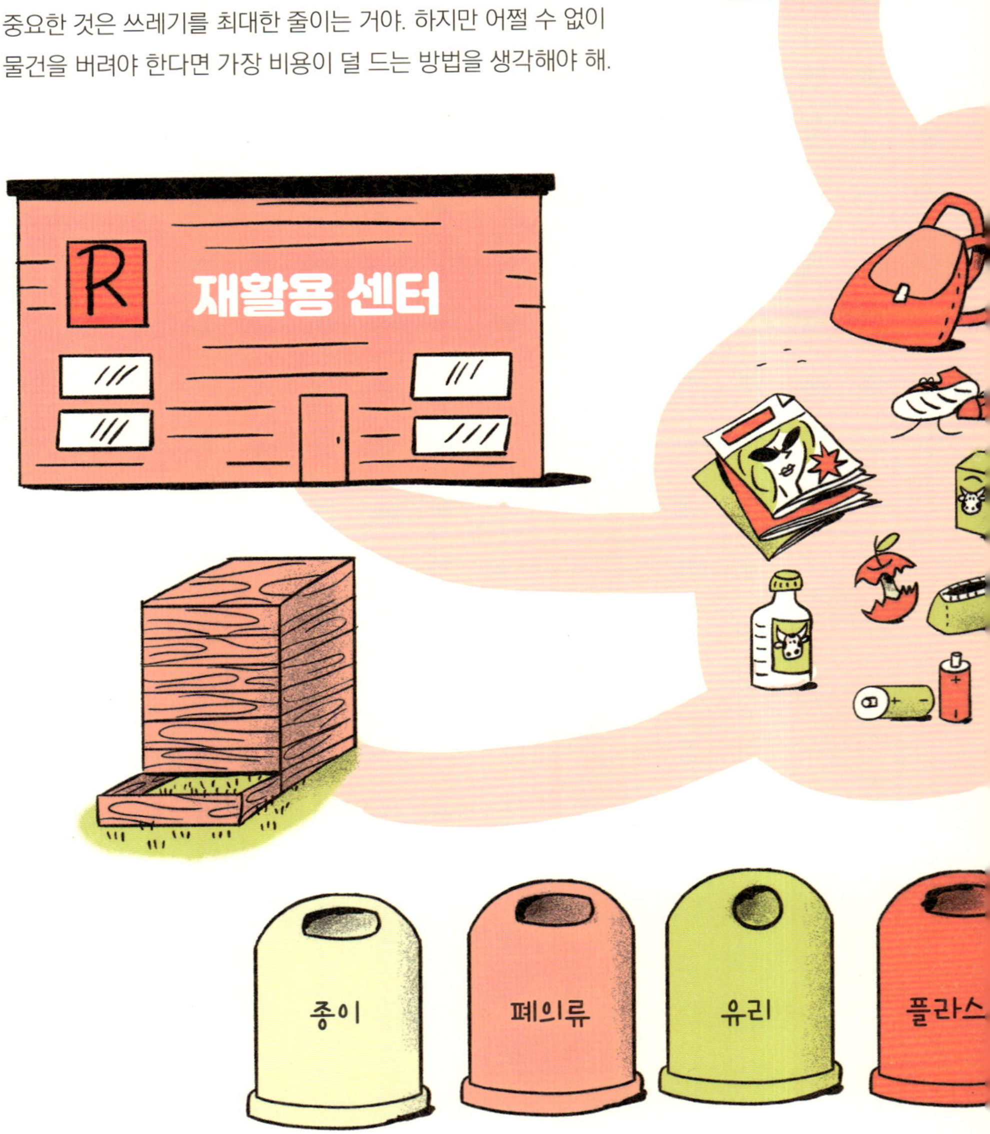
R
재활용 센터
종이
폐의류
유리
플라스

분류가 끝났으면 48페이지를 보세요.

## 🔴 음식물 쓰레기로 퇴비 만들기

짜잔! 쓰레기 제로의 왕중왕을 소개할게! 이 왕은 투정 한번 없이 쓰레기를 꿀꺽 삼켜. 과일 껍질, 시든 채소, 종이 등을 맛있게 먹지. 잘게 부순 달걀 껍데기와 오래된 빵 부스러기도 좋아해.
그게 누구냐고? 바로 콤포스터야.

### 콤포스터가 뭘까?
콤포스터는 음식물 쓰레기를 분해시켜 퇴비로 만드는 용기야. 용기 안의 쓰레기는 자연에서 분해되는 것처럼 분해되어 비옥하고 기름진 흙이 돼. 이 흙을 화분이나 정원, 텃밭에 퇴비로 사용하면 식물이 건강하게 자라겠지?

**콤포스터 만들기**

아파트나 연립 주택에 산다면 집 안이나 창가에 둘 수 있는 소형 콤포스터를 사용해 봐. 이 콤포스터에는 지렁이가 들어 있어. 지렁이는 음식물 쓰레기를 먹고 똥을 싸는데 이 똥이 흙을 기름지게 하지.

정원이 있다면 나무나 플라스틱으로 된 큰 통을 쓰면 돼. 주의할 점은 바닥에 구멍을 뚫어 줘야 한다는 거야. 그래야 흙에 있는 미생물을 이용할 수 있거든. 통 안에는 깎고 남은 풀, 떨어진 나뭇잎, 잡초 등 정원에서 생기는 쓰레기도 넣을 수 있어.

하지만 무엇보다 음식물 쓰레기를 만들지 않는 게 가장 중요하다는 거 잊지 마. 부모님은 음식을 먹을 만큼만 요리하고, 우리는 남기지 않고 다 먹도록 노력하자.

**놀이 활동**

# 불청객을 찾아라!

콤포스터에 뭐든지 다 넣을 수 있는 것은 아니야.
아래 목록에서 콤포스터에 넣으면 안 되는 것을 찾아 □ 안에 표시해 보자.

- ☐ 야채나 과일 껍질
- ☐ 나뭇잎
- ☐ 떨어지거나 시든 꽃
- ☐ 잔디나 잡초
- ☐ 비닐봉지
- ☐ 먹다 남은 음식물
- ☐ 스테이플러 침을 제거한 티백
- ☐ 가죽 운동화
- ☐ 나무토막
- ☐ 종이 상자 조각
- ☐ 달걀 껍데기
- ☐ 견과류 껍질
- ☐ 깡통
- ☐ 나무껍질
- ☐ 커피 찌꺼기
- ☐ 짚과 건초
- ☐ 키친타월
- ☐ 흰색 종이
- ☐ 컬러 잡지
- ☐ 요거트 용기
- ☐ 나무 부스러기와 대팻밥
- ☐ 냅킨과 휴지
- ☐ 수성 펜

48페이지에서 정답을 확인해 보세요!

## 🔴 쓰레기 제로 시작

쓰레기가 얼마나 지구 환경에 안 좋은지 알게 됐지? 이제 지구를 아프지 않게 하는 생활 습관을 살펴보자.

### 장을 볼 때

장 보러 갈 때 꼭 챙길 게 있는데 바로 시장 가방이야. 도서관에서 빌린 책을 담을 때도 아주 유용하지.

입다가 작아진 티셔츠를 이용해서 직접 만들어 보면 어떨까? 더욱더 애착이 가서 자주 사용하게 될 거야.

### 부엌을 정리할 때

부엌을 살펴보면 잼이나 피클처럼 유리병에 담긴 음식이 있을 거야. 다 먹으면 유리병을 버리지 말고 모아 봐. 하나, 둘 모으다 보면 다양한 병을 수집하게 될 거야.

식료품이나 먹다 남은 음식을 유리병에 보관하면 랩이나 포일을 쓰지

   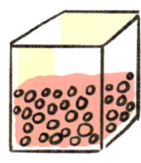

않아도 되지. 또한 음식을 유리병에 담아 두면 냉장고에 무엇이 있는지 알 수 있어서 좋아.

### 목이 마를 때

플라스틱 통에 든 물을 사지 말고, 물통을 들고 다니는 습관을 가져 봐. 그리고 커피를 좋아하는 엄마에게도 테이크아웃을 할 때 텀블러를 이용하라고 말해 보자.

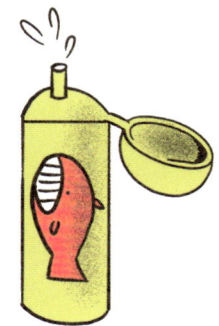

### 산책하러 나갈 때

일회용품을 사용하지 말아야 해. 휴지 대신 손수건을 쓰는 거지. 바깥에서의 캠핑이나 소풍 때에는 바람에 잘 날아가고 쉽게 엎어지는 일회용품 대신 진짜 접시나 그릇을 쓰는 건 어떨까?

### 도전! 쓰레기 제로

그럼 시작해 볼까! 혼자만 하지 말고 친구나 주위 사람들에게도 함께 하자고 해 봐. 혼자보다는 여러 명이 같이 하는 게 더 재미있거든. 서로 자신이 알고 있는 방법을 알려 주고 포기하지 않고 계속하도록 힘을 북돋아 줄 수도 있잖아.

## 🔴 쓰레기를 줄이는 어린이 요리사

포장 쓰레기를 줄이기 위해서 우리가 집에서 직접 만들 수 있는 것들에는 어떤 게 있을까? 엄마와 함께 만들어 보자!

| 무엇을 | 가능해? | 쉬워? | 게다가 |
|---|---|---|---|
| 요거트 | 응 | 아주 쉬움 | 네가 좋아하는 맛으로도 만들 수 있어. |
| 과일 절임 | 응 | 아주 쉬움 | 여러 가지 과일을 섞을 수 있어. |
| 잼 | 응 | 아주 쉬움 | 잼을 담은 병을 예쁘게 꾸밀 수도 있어. |
| 마요네즈 | 응 | 아주 쉬움 | 집에서 만든 마요네즈는 되도록 빨리 먹어야 해. |
| 팝콘 | 응 | 아주 쉬움 | 옥수수 알이 팡팡 터지는 소리가 아주 재밌어. |
| 피자 | 응 | 조금 쉬움 | 친구들을 초대해서 대접해 봐. 맛있어서 엄지를 치켜세울 걸? |
| 타르트 | 응 | 아주 쉬움 | 5분이면 준비 끝! |
| 케이크 | 응 | 아주 쉬움 | 셀 수도 없이 다양한 케이크를 만들 수 있어! |
| 세제 | 응 | 조금 어려움 | 사서 쓰는 것보다 훨씬 경제적이야! |
| 샴푸 | 응 | 아주 쉬움 | 눈에 거품이 들어가는 일은 이제 없을 거야. 왜냐하면 거품이 안 나는 샴푸거든! |
| 치약 | 응 | 아주 쉬움 | 그야말로 친환경 유기농 치약이야. |
| 화장실 휴지 | 아니 | 할 수 없음 | 아쉽게도 휴지를 만들 수 없어. |

| 준비물 |
|---|
| 우유 1리터로 요거트를 6개나 만들 수 있어. |
| 과일과 설탕만 있으면 돼. |
| 과일과 설탕만 충분히 있으면 돼. |
| 달걀 노른자, 머스터드, 오일, 소금을 넣고 저어 주기만 하면 끝이야. |
| 말린 옥수수 알과 오일, 소금만 있으면 돼! |
| 밀가루에 이스트, 물을 함께 넣어 도우를 만들고, 토핑으로 쓸 토마토, 치즈, 야채, 햄 등이 필요해. |
| 밀가루와 버터, 물과 소금만 있으면 짭조름한 타르트와 달콤한 타르트를 다양하게 만들 수 있어. |
| 기본 재료로 밀가루, 달걀, 버터, 설탕, 이스트가 필요해. |
| 가루 비누와 베이킹 소다, 식초가 필요해. |
| 베이킹 소다와 물만 섞으면 돼. 세상에서 가장 간단한 방법이지. |
| 베이킹 소다와 코코넛 오일만 있으면 준비 끝! |
| 선사 시대 사람들은 휴지 없이도 살았지. 하지만 현대인은 휴지 없이 살 수 없으니 아껴 쓰자! |

39

## 한번 쓰레기 제로는 영원히 쓰레기 제로

환경을 해치는 나쁜 습관을 바꾸면 앞으로 현명하게 소비하고, 쓰레기를 덜 만들 수 있어. 쓰레기 제로 운동은 1980년대에 시작되었지만, 최근 들어 많은 사람들이 관심을 갖고 동참하고 있어.

그래도 아직 모르는 사람들이 많지. 학교 친구들에게 물어봐 봐. 새로 나온 만화 캐릭터야?라고 묻는 친구도 있을걸? 잘 모르는 친구들에게 지구를 지키는 환경 히어로가 되는 방법을 설명해 주렴.

오늘부터 쓰레기 제로를 시작해 보자. 하루하루 실천하다 보면 어느새 우리 생활의 일부가 될 거야!

**놀이 활동**

# 미션! 마무리 퀴즈

**문제를 잘 읽고 정답을 맞혀 봐.**

1. 자연에 버려진 쓰레기 대부분은 어디로 갈까?
    ① 바다
    ② 우주
    ③ 땅속

2. 무엇이 가장 좋은 쓰레기일까?
    ① 재활용할 수 없는 쓰레기
    ② 좋은 쓰레기는 없다.
    ③ 자연에 버릴 수 있는 쓰레기

3. 어떤 쓰레기가 가장 빨리 분해될까?
    ① 껌
    ② 사과 찌꺼기
    ③ 음료수 캔

4. 어떤 쓰레기가 가장 느리게 분해될까?
    ① 바나나 껍질
    ② 통조림통
    ③ 일회용 기저귀

5. 재활용할 수 없는 것은 무엇일까?
    ① 종이 상자

② 비닐봉지

③ 유리병

6. 1997년 태평양에서 발견된 첫 번째 쓰레기 섬의 크기는?
   ① 서울 면적의 2배
   ② 축구장 하나 크기
   ③ 한국 면적의 32배

7. 인구 한 명당 1년에 배출하는 쓰레기양은?
   ① 128kg
   ② 340kg
   ③ 580kg

8. 네가 신던 롤러스케이트가 작아졌다면 어떻게 할 거야?
   ① 다른 사람에게 준다.
   ② 태워 버린다.
   ③ 버린다.

9. 지금 케이크가 먹고 싶어. 어떤 방법이 환경에 좋은 행동일까?
   ① 빵집에서 케이크를 산다.
   ② 케이크를 만든다.
   ③ 케이크는 살찔 것 같으니 대신 빵을 사 먹는다.

10. 쓰레기를 가장 많이 재활용하는 국가는?
    ① 독일
    ② 프랑스
    ③ 한국

11. 콤포스터를 만들 때 권장하는 원자재는?
    ① 나무
    ② 금속
    ③ 플라스틱

12. 콤포스터에 넣으면 안 되는 것은?
    ① 낙엽
    ② 인쇄된 종이 상자 조각
    ③ 사과 껍질

13. 쓰레기를 줄이는 자세 중 가장 훌륭한 것은?
    ① 쓰레기를 최대한 재활용한다.
    ② 반드시 필요하고 최소한으로 포장된 제품을 사용한다.
    ③ 원하는 것을 마음껏 사고 분리배출을 제대로 한다.

14. 가장 많이 재활용되는 재료는?
    ① 플라스틱
    ② 유리
    ③ 종이와 종이 상자

15. 유리병을 버리는 방법으로 가장 좋은 것은?
    ① 쓰레기통에 버린다.
    ② 유리병을 산 가게에 되돌려 준다.
    ③ 재활용 분리수거함에 내놓는다.

16. 포장되지 않은 제품이란 무엇일까?
    ① 조금 상한 제품

② 포장 없는 제품
③ 유통 기한이 지난 제품

17. 이면지로 사용할 수 있는 것은?
① 깨끗한 백지
② 공책의 빈 페이지
③ 사용한 종이의 뒷면

18. 네가 장 본 것을 어디에 넣으면 좋을까?
① 일회용 비닐봉지
② 천 가방
③ 종이 봉투

19. 먹다 남긴 음식물 쓰레기는 어떻게 처리하면 좋을까?
① 음식물 쓰레기 봉지에 담아 버린다.
② 다른 쓰레기와 함께 버린다.
③ 콤포스터에 넣고 퇴비로 만든다.

20. 자전거가 고장 났을 때 처리하는 가장 좋은 방법은?
① 고쳐서 사용한다.
② 재활용 분리수거장에 내다 놓는다.
③ 그냥 방치해 둔다.

21. 샴푸 통이 비었을 때, 어떻게 하는 것이 가장 좋은 방법일까?
① 플라스틱 분리수거함에 넣는다.
② 음식물 쓰레기통에 넣는다.
③ 리필을 사서 다시 채워 넣는다.

## 퀴즈 정답

1  ① 바다 (바다 쓰레기의 80%가 육지에서 버려진 것들이야.)
2  ②
3  ② (사과는 완전히 분해되는 데 최대 한 달이 걸리고, 껌은 5년, 음료수 캔은 100년이 걸려.)
4  ③ (일회용 기저귀는 분해되는 데 500년이나 걸려! 불편하지만 환경을 위해 천 기저귀를 사용하는 게 좋지.)
5  ② (비닐을 분리배출 할 때 꼭 색깔별로 구분해서 내놓자. 투명 비닐만 비닐로 재활용할 수 있고, 색깔 비닐은 녹여서 다른 제품을 만드는 원료로 사용되지. 마구 섞어서 분리 배출하면 재활용이 안 된다는 사실 꼭 기억하자!)
6  ③
7  ②
8  ① (사촌 동생이나 이웃, 혹은 재활용 센터에 주면 네게 필요 없는 것들이 다른 사람에게 유용하게 쓰일 수 있어.)
9  ② (가공식품은 우리 건강에도 안 좋을 뿐 아니라 환경에도 안 좋아.)
10  ① (OECD 회원국 중에서 재활용 비율이 가장 높은 나라는 독일이야. 65%를 재활용하거나 퇴비로 사용한대. 2위는 한국으로 59%, 프랑스는 16위로 38%야. 재활용이 좋아도 쓰레기를 줄이는 것이 가장 좋아.)
11  ①
12  ②
13  ②
14  ③ (종이 또는 종이 상자가 가장 많이 재활용되는 원재료이고, 그다음이 유리야. 플라스틱이 가장 적게 재활용돼.
15  ③ (유리병은 씻은 후 유리병으로 다시 쓸 수 있어. '빈 용기 보증금 제도'가 있어서 빈 유리병을 반환하면 보증금을 돌려받을 수 있지만, 언제 어디서나 가능한 방법은 아니기 때문에 유리병 분리수거함에 넣는 것이 가장 좋아.)
16  ②
17  ③
18  ②
19  ③
20  ①
21  ③

## 나의 환경 지킴이 점수는 몇 점?

**15~21개**   브라보! 미션 성공. 너는 지구를 아끼고 사랑하는 친구구나!
　　　　　　소비할 때마다 계속 쓰레기 제로를 생각하렴.

**10~14개**   환경을 지키는 방법을 제법 잘 이해하고 있구나!
　　　　　　좀 더 적극적으로 쓰레기 제로를 실천하자.

**10개 이하** 아직 환경을 지키는 방법을 잘 모르지만 너무 늦은 때란 없어.
　　　　　　오늘부터 관심을 갖고 하나하나 실천해 보자.

p.16~17

③ 3개월　　⑤ 3~12개월　　⑯ 8~10개월　　④ 1년　　⑮ 1~2년　　① 1~5년

⑭ 5년　　⑪ 5년　　⑦ 15년　　⑰ 25~40년　　⑥ 50년　　⑧ 100년

⑨ 200년　　⑩ 400년　　② 500년　　⑱ 500년　　⑫ 1000년　　⑬ 5000년

p.30~31

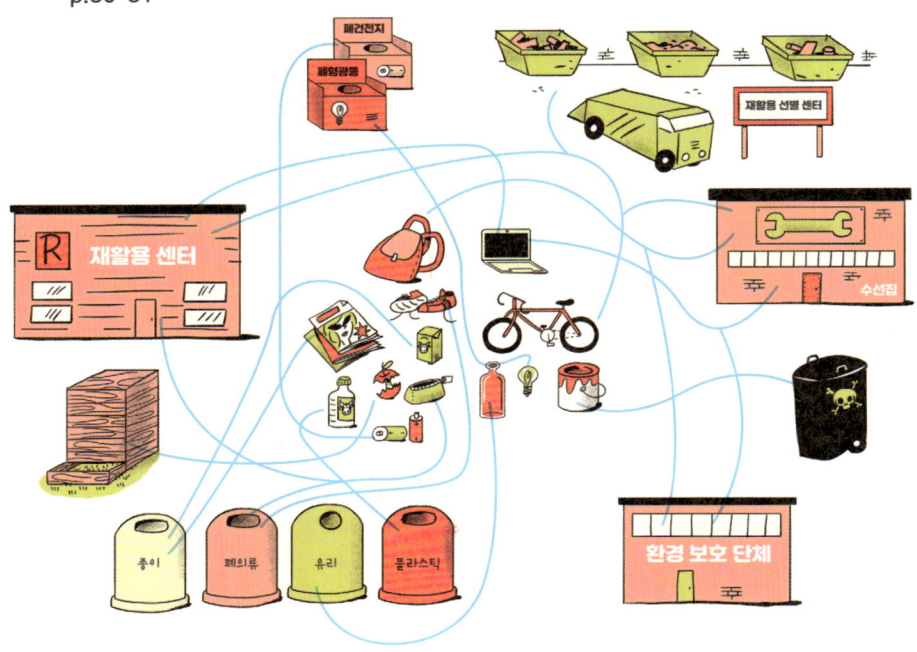

p.34~35

- [ ] 야채나 과일 껍질
- [ ] 나뭇잎
- [ ] 떨어지거나 시든 꽃
- [ ] 잔디나 잡초
- [x] 비닐봉지
- [ ] 먹다 남은 음식물
- [ ] 스테이플러 침을 제거한 티백
- [x] 가죽 운동화
- [ ] 나무토막

- [ ] 종이 상자 조각
- [ ] 달걀 껍데기
- [ ] 견과류 껍질
- [x] 깡통
- [ ] 나무껍질
- [ ] 커피 찌꺼기
- [ ] 짚과 건초
- [x] 키친타월

- [x] 흰색 종이
- [x] 컬러 잡지
- [x] 요거트 용기
- [ ] 나무 부스러기와 대팻밥
- [x] 냅킨과 휴지
- [x] 수성 펜

**제로 웨이스트홈** https://cafe.naver.com/zerowastehome
쓰레기 제로 카페로 과대 포장과 플라스틱 쓰레기 줄이기, 제로 식단 등 쓰레기 제로를 위한 여러 가지 방법들을 회원들이 서로 공유합니다. 지구를 위하고, 행복한 나의 삶을 위해서 쓰레기 제로를 실천하는 사람들이 모인 곳입니다.

---

**아름다운가게** http://www.beautifulstore.org
나눔을 실천하고, 자원의 재순환과 재사용을 생활화해서 아름다운 세상을 만들고자 합니다. 내게 필요 없는 물품을 기부하고, 싸게 구입할 수도 있습니다. 전국에 매장이 분포되어 있어, 자기 동네에 있는 아름다운가게를 찾아볼 수 있습니다.

---

**환경운동연합** http://kfem.or.kr
시민들의 참여로 만들어진 단체로 자연과 공존할 수 있는 삶터를 지키고 행복한 미래를 만들어 가는 녹색의 길을 지향합니다. 물 순한, 생태보존, 기후변화 등을 위해 실천하고 있는 여러 가지 일들을 살펴볼 수 있습니다.

---

**한국순환자원유통지원센터** http://kora.or.kr
재활용이 가능한 자원의 재사용을 촉진해 자원을 절약하고 환경을 보존합니다. 제품·포장재의 회수·재활용 의무를 대행하고, 재활용 가능 자원의 안정적인 수요 및 공급을 통하여 공공의 이익을 창출합니다. 종이, 캔, 페트병, 유리 등 제품 포장재가 재활용되는 과정을 알 수 있는 곳입니다.

---

**한국환경공단** https://www.keco.or.kr
환경오염방지·환경개선·자원순환 촉진 및 기후변화대응을 위한 온실가스 관련 사업을 효율적으로 추진함으로써 환경 친화적 국가 발전을 이루는 데 목적이 있습니다. 우리나라의 기후대기, 물토양, 자원순환, 환경시설, 국민건강을 위해 하고 있는 일들을 살펴볼 수 있습니다.